Impressum
Verlag: BABADADA GmbH, Nedderfeld 112 , 22529 Hamburg
Geschäftsführer / Verlagsleitung: Harald Hof
Druck: Books on Demand GmbH, In de Tarpen 42, 22848 Norderstedt

Imprint
Publisher: BABADADA GmbH, Nedderfeld 112 , 22529 Hamburg, Germany
Managing Director / Publishing direction: Harald Hof
Print: Books on Demand GmbH, In de Tarpen 42, 22848 Norderstedt, Germany

# skola
# escuela

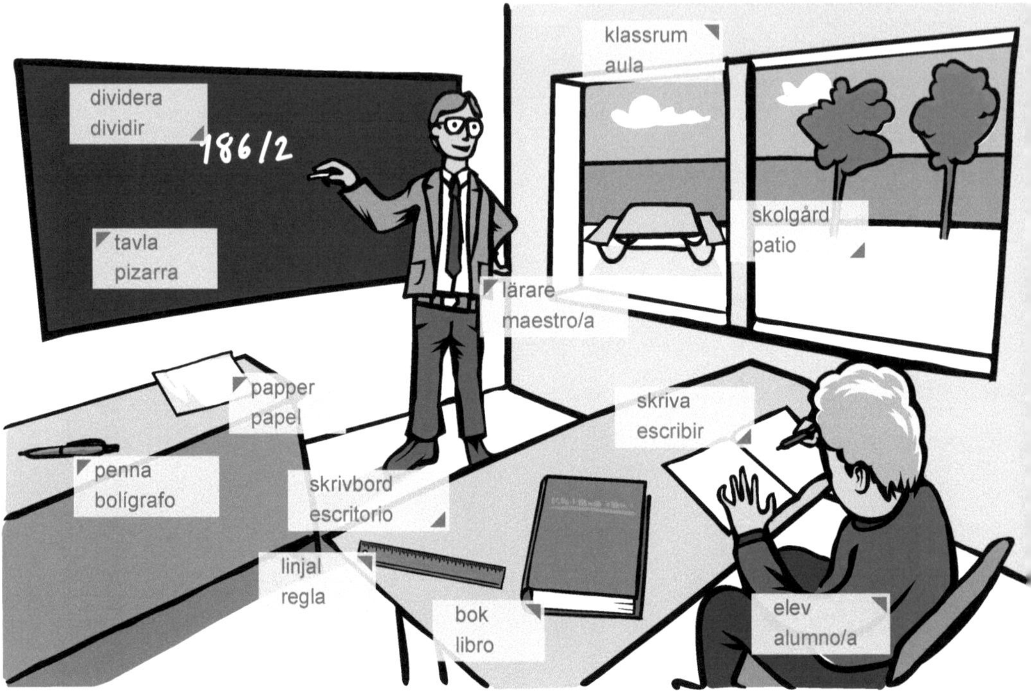

klassrum
aula
dividera
dividir
186/2
tavla
pizarra
skolgård
patio
lärare
maestro/a
papper
papel
skriva
escribir
penna
bolígrafo
skrivbord
escritorio
linjal
regla
bok
libro
elev
alumno/a


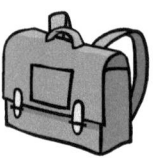

skolväska
cartera

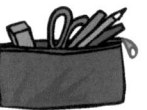

pennfodral
caja de lápices

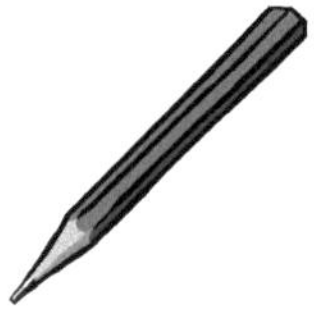

blyertspenna
lápiz

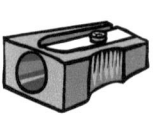

pennvässare
sacapuntas

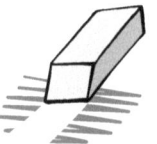

suddgummi
goma de borrar

ritblock
cuaderno de dibujo

teckning

dibujo

pensel

pincel

målarlåda

caja de pinturas

sax

tijeras

lim

pegamento

övningsbok

cuaderno de ejercicios

hemläxa

deberes

tal

número

addera

sumar

subtrahera

restar

multiplicera

multiplicar

räkna

calcular

bokstav

letra

alfabet

alfabeto

ord

palabra

text

texto

läsa

leer

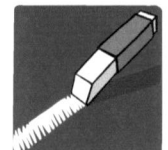

krita

tiza

lektion

lección

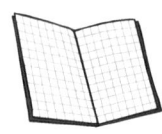

register

cuaderno de notas

prov

examen

intyg

certificado

skoluniform

uniforme escolar

utbildning

educación

uppslagsverk

enciclopedia

universitet

universidad

mikroskop

microscopio

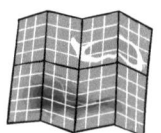

karta

mapa

papperskorg

papelera

skola - escuela

# resa
# viaje

hotell
hotel
vandrarhem
albergue
ROOMS
EXCHANGE
växelkontor
oficina de cambio de divisas
resväska
maleta
bil
coche


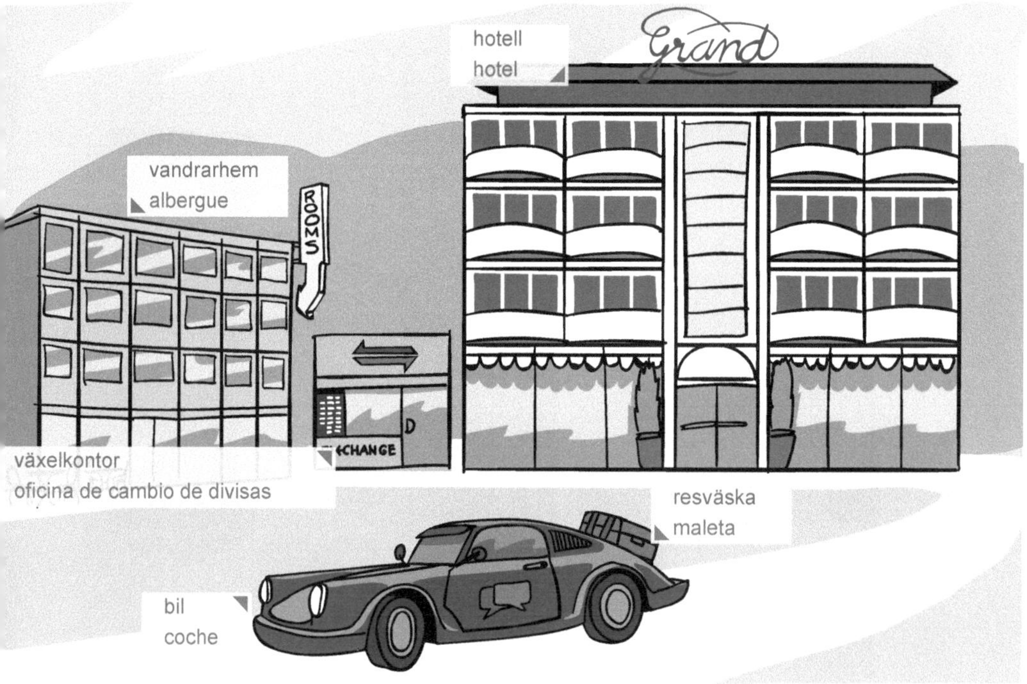

språk
idioma

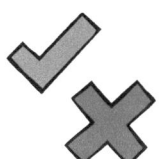

ja / nej
sí / no

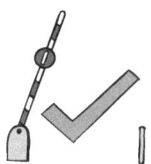

Okay
Vale

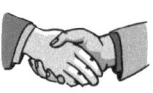

hej
hola

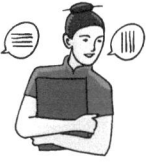

översättare
traductor

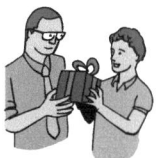

Tack
Gracias

hur mycket kostar...?

¿cuánto es...?

jag förstår inte

No entiendo

problem

problema

God kväll!

¡Buenas tardes!

God morgon!

¡Buenos días!

God natt!

¡Buenas noches!

hejdå

adiós

riktning

dirección

bagage

equipaje

väska

bolsa

ryggsäck

mochila

gäst

invitado

rum

habitación

sovsäck

saco de dormir

tält

tienda de campaña

turistinformation

información turística

strand

playa

kreditkort

tarjeta de crédito

frukost

desayuno

lunch

almuerzo

middag

cena

biljett

billete

hiss

ascensor

frimärke

sello

gräns

frontera

tull

aduana

ambassad

embajada

visum

visa

pass

pasaporte

# transport
# transporte

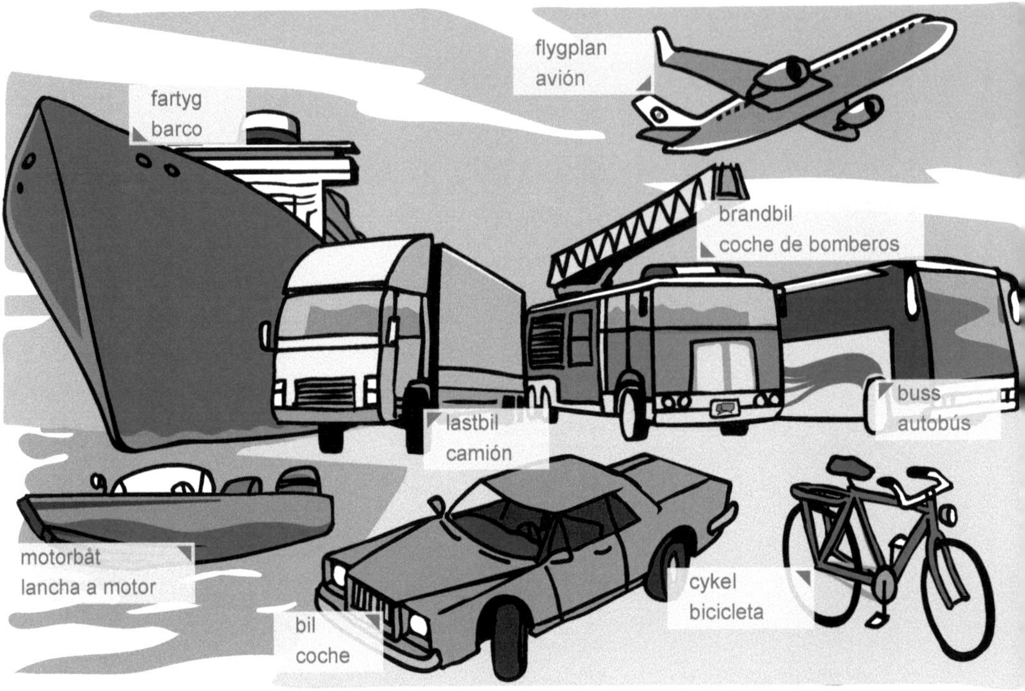
flygplan
avión
fartyg
barco
brandbil
coche de bomberos
lastbil
camión
buss
autobús
motorbåt
lancha a motor
cykel
bicicleta
bil
coche

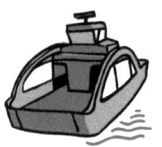

färja

transbordador

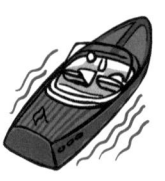

båt

barca

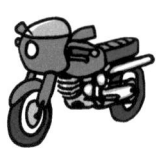

motorcykel

moto

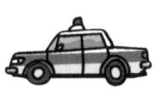

polisbil

coche de policía

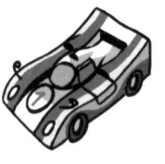

racerbil

coche de carreras

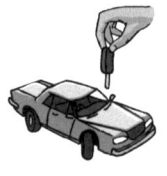

hyrbil

coche de alquiler

bilpool
préstamo de vehículos

bärgningsbil
grúa

sopbil
camión de la basura

motor
motor

bränsle
gasolina

bensinstation
gasolinera

vägmärke
señal de tráfico

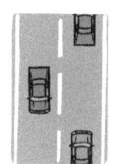

trafik
tráfico

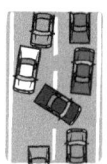

bilkö
atasco

parkeringsplats
aparcamiento

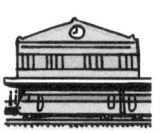

tågstation
estación de tren

räls
vías

tåg
tren

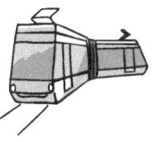

spårvagn
tranvía

vagn
vagón

transport - transporte

helikopter

helicóptero

flygplats

aeropuerto

torn

torre

passagerare

pasajero

container

contenedor

kartong

caja de cartón

vagn

carretilla

korg

cesta

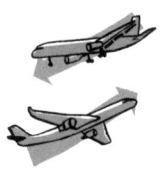

starta / landa

despegar / aterrizar

## stad

## ciudad

by

pueblo

centrum

centro de ciudad

hus

casa

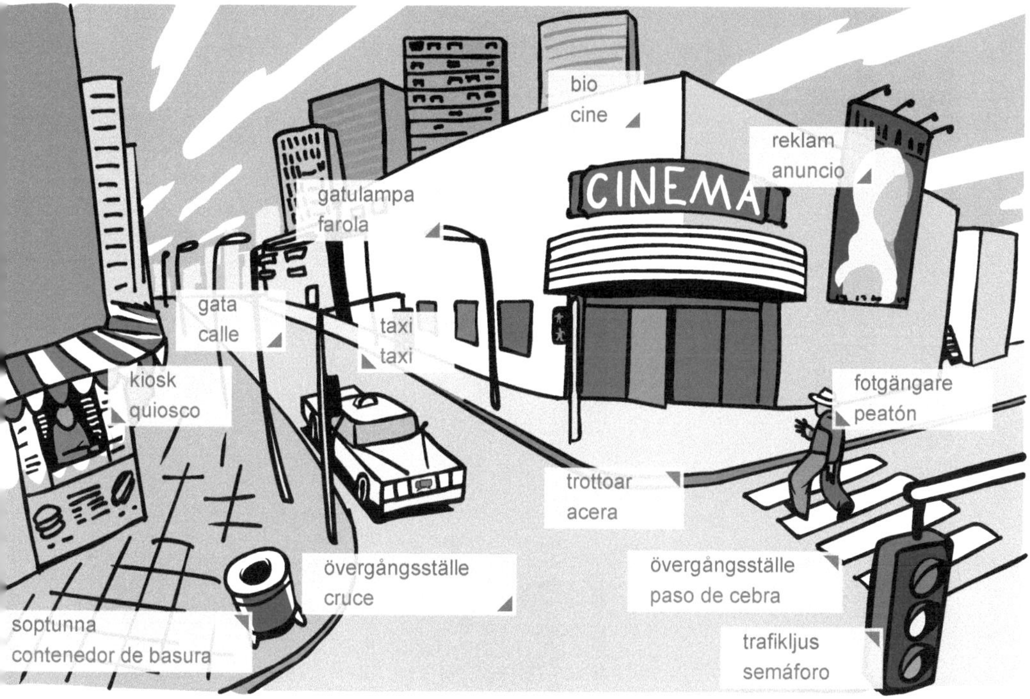

bio
cine

reklam
anuncio

gatulampa
farola

gata
calle

taxi
taxi

CINEMA

fotgängare
peatón

kiosk
quiosco

trottoar
acera

övergångsställe
cruce

övergångsställe
paso de cebra

soptunna
contenedor de basura

trafikljus
semáforo

stuga
cabaña

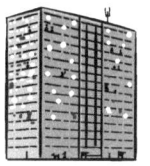

lägenhet
apartamento

tågstation
estación de tren

stadshus
ayuntamiento

museum
museo

skola
escuela

stad - ciudad

universitet

universidad

bank

banco

sjukhus

hospital

hotell

hotel

apotek

farmacia

kontor

oficina

bokhandel

librería

affär

tienda

blomsterbutik

floristería

stormarknad

supermercado

marknad

mercado

varuhus

grandes almacenes

fiskhandlare

pescadería

köpcentrum

centro comercial

hamn

puerto

stad - ciudad

park

parque

bänk

banco

brygga

puente

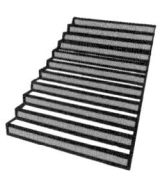

trappa

escaleras

tunnelbana

metro

tunnel

túnel

busshållplats

parada de autobús

bar

bar

restaurang

restaurante

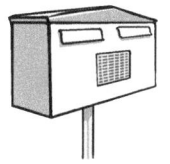

brevlåda

buzón

gatuskylt

poste indicador

parkeringsautomat

parquímetro

zoo

zoo

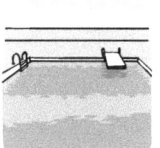

simbassäng

piscina

moské

mezquita

bondgård
granja

förorening
contaminación

kyrkogård
cementerio

kyrka
iglesia

lekplats
patio de juego

tempel
templo

## landskap
## paisaje

löv
hoja

vägskylt
señal

väg
camino

äng
prado

sten
piedra

träd
árbol

liftare
excursionista

flod
río

gräs
hierba

blomma
flor

dal
valle

kulle
colina

sjö
lago

skog
bosque

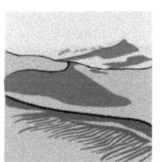

öken
desierto

vulkan
volcán

slott
castillo

regnbåge
arcoíris

svamp
champiñón

palm
palmera

mygga
mosquito

fluga
mosca

myra
hormiga

bi
abeja

spindel
araña

skalbagge

escarabajo

groda

rana

ekorre

ardilla

igelkott

erizo

hare

liebre

uggla

lechuza

fågel

pájaro

svan

cisne

vildsvin

jabalí

rådjur

ciervo

älg

alce

damm

presa

vindkraftverk

turbina eólica

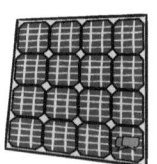

solcellspanel

panel solar

klimat

clima

# restaurang
# restaurante

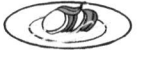

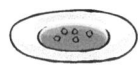

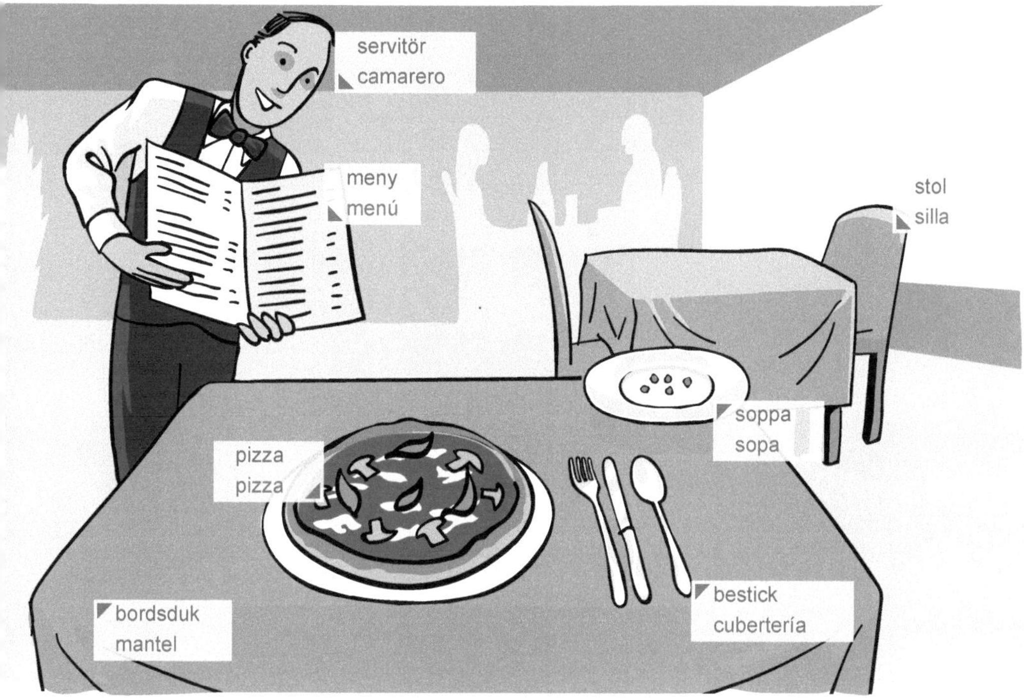
servitör
camarero
meny
menú
stol
silla
soppa
sopa
pizza
pizza
bestick
cubertería
bordsduk
mantel

förrätt

primer plato

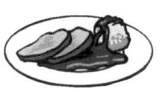

huvudrätt

plato principal

dessert

postre

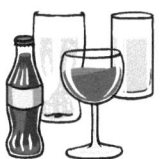

drycker

bebidas

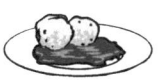

mat

comida

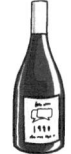

flaska

botella

snabbmat

comida rápida

street food

comida callejera

tekanna

tetera

sockerskål

azucarero

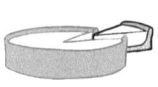

portion

porción

espressomaskin

cafetera expreso

barnstol

trona

räkning

cuenta

bricka

bandeja

kniv

cuchillo

gaffel

tenedor

sked

cuchara

tesked

cucharilla

servett

servilleta

glas

vaso

restaurang - restaurante

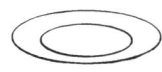

tallrik

plato

sopptallrik

plato hondo

tefat

platillo

sås

salsa

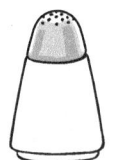

saltkar

salero

pepparkvarn

molinillo de pimienta

vinäger

vinagre

olja

aceite

kryddor

especias

ketchup

ketchup

senap

mostaza

majonnäs

mayonesa

# stormarknad
# supermercado

specialerbjudande
oferta especial
FOR
kund
cliente
mejeriprodukter
lácteos
frukt
fruta
varukorg
carro de la compra


BUTCHERS


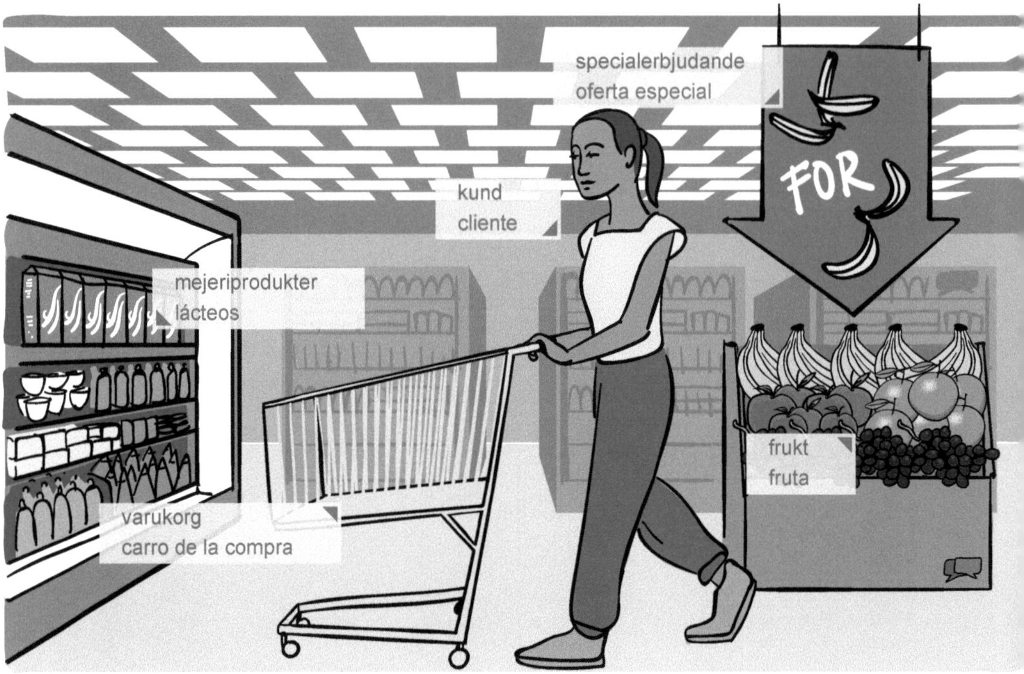

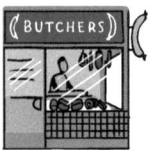

charkuteri

carnicería

BAKERY


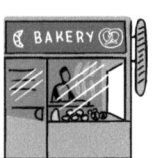

bageri

panadería

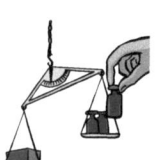

väga

pesar

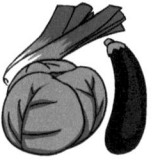

grönsaker

verduras

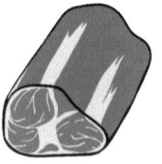

kött

carne

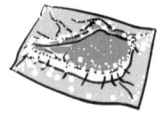

frysta livsmedel

alimentos congelados

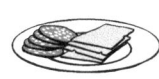

pålägg
fiambres

konserver
conservas

tvättmedel
detergente en polvo

godis
dulces

hushållsprodukter
productos de uso doméstico

rengöringsmedel
productos de limpieza

försäljare
vendedora

kassa
caja

kassör
cajero

inköpslista
lista de la compra

öppettider
horario de atención al
público

planbok
cartera

kreditkort
tarjeta de crédito

väska
bolsa

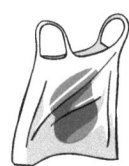

plastpåse
bolsa de plástico

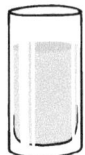

vatten

agua

juice

zumo

mjölk

leche

cola

cola

vin

vino

öl

cerveza

alkohol

alcohol

kakao

cacao

te

té

kaffe

café

espresso

expreso

cappuccino

capuchino

banan

plátano

äpple

manzana

apelsin

naranja

melon

melón

citron

limón

morot

zanahoria

vitlök

ajo

bambu

bambú

lök

cebolla

svamp

champiñón

nötter

avellanas

nudlar

fideos

spaghetti

espagueti

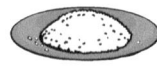

ris

arroz

sallad

ensalada

pommes frites

patatas fritas

stekt potatis

patatas fritas

pizza

pizza

hamburgare

hamburguesa

smörgås

sándwich

schnitzel

filete

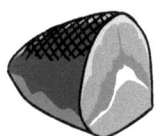

skinka

jamón

salami

salami

korv

salchicha

kyckling

pollo

stek

asado

fisk

pescado

mat - comida

havregryn

copos de avena

müsli

muesli

cornflakes

copos de maíz

mjöl

harina

croissant

cruasán

fralla

panecillo

bröd

pan

rostat bröd

tostada

kex

galletas

smör

mantequilla

kvarg

cuajada

kaka

pastel

ägg

huevo

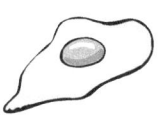

stekt ägg

huevo frito

ost

queso

mat - comida

glass

helado

socker

azúcar

honung

miel

sylt

mermelada

nougatkräm

crema de turrón

curry

curry

# bondgård
## granja

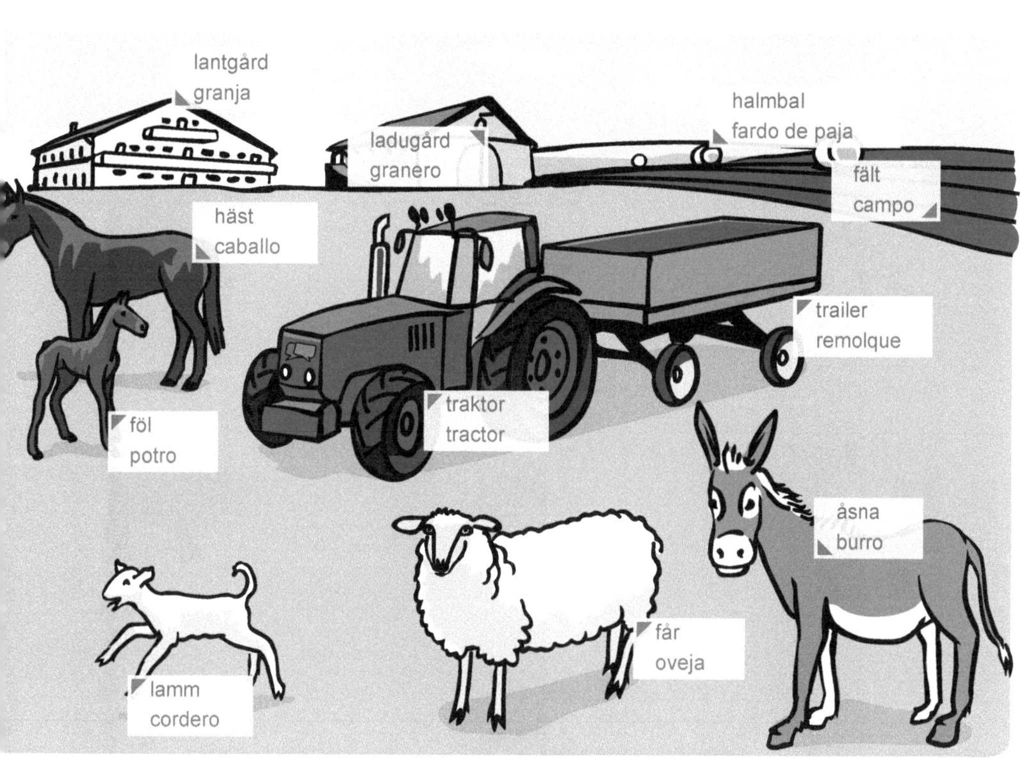

lantgård
granja
halmbal
fardo de paja
ladugård
granero
fält
campo
häst
caballo
trailer
remolque
traktor
tractor
föl
potro
åsna
burro
får
oveja
lamm
cordero


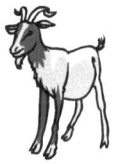

get
cabra

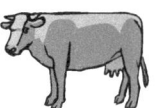

ko
vaca

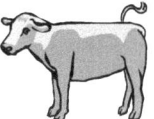

kalv
ternero

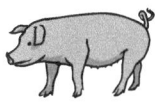

gris
cerdo

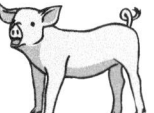

griskulting
cerdito

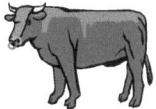

tjur
toro

gås

ganso

anka

pato

kyckling

pollo

höna

gallina

tupp

gallo

råtta

rata

katt

gato

mus

ratón

oxe

buey

hund

perro

hundkoja

perrera

trädgårdsslang

manguera

vattenkanna

regadera

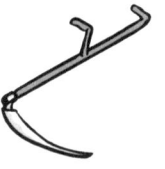

lie

guadaña

plog

arado

skära
hoz

hacka
azada

högaffel
horca

yxa
hacha

skottkärra
carretilla

tråg
abrevadero

mjölkflaska
lechera

säck
saco

staket
valla

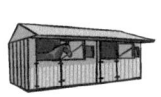

stall
establo

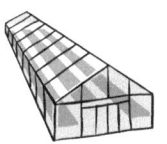

växthus
invernadero

jord
suelo

säd
semilla

gödsel
fertilizador

skördetröska
cosechadora

skörda
cosechar

skörd
cosecha

jams
ñame

vete
trigo

soja
soja

potatis
patata

majs
maíz

raps
semilla de colza

fruktträd
árbol frutal

maniok
mandioca

spannmål
cereales

# hus
# casa

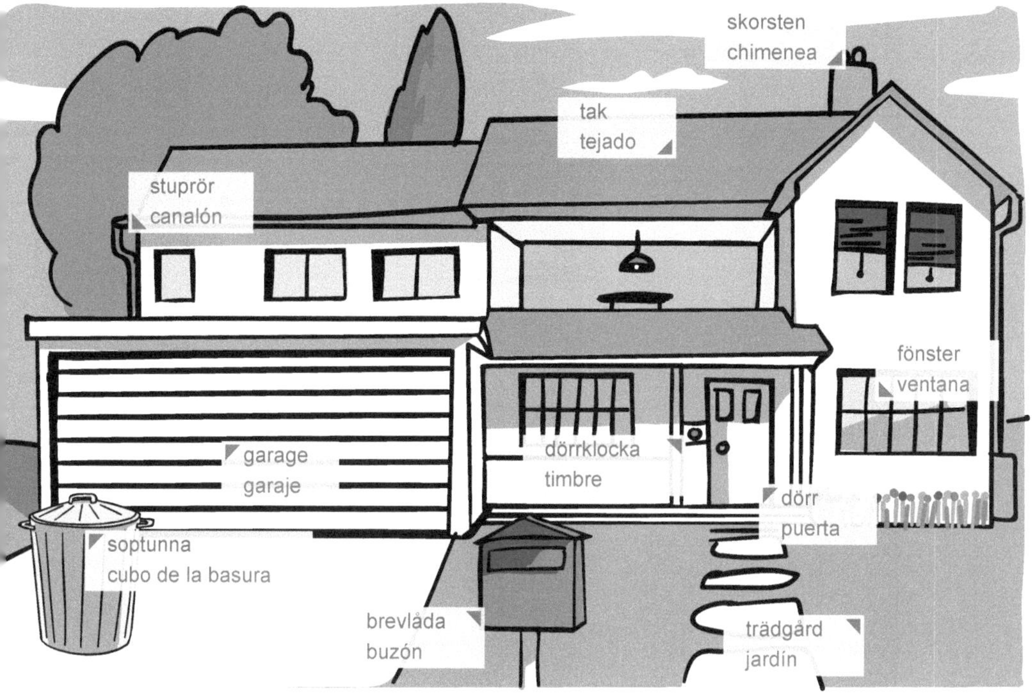
skorsten
chimenea
tak
tejado
stuprör
canalón
fönster
ventana
garage
garaje
dörrklocka
timbre
dörr
puerta
soptunna
cubo de la basura
brevlåda
buzón
trädgård
jardín

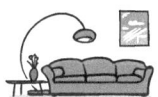

vardagsrum

sala

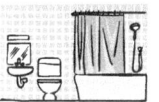

badrum

cuarto de baño

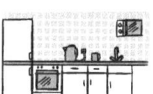

kök

cocina

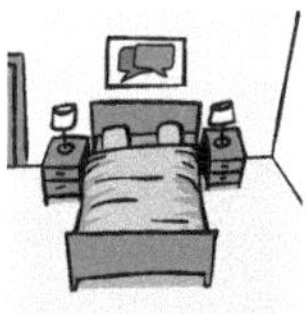

sovrum

dormitorio

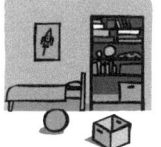

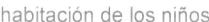

barnrum

habitación de los niños

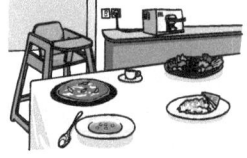

matsal

comedor

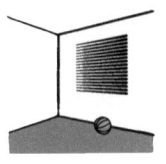

golv
suelo

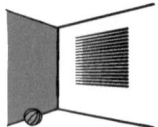

vägg
pared

tak
techo

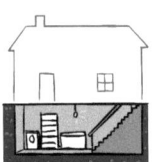

källare
sótano

bastu
sauna

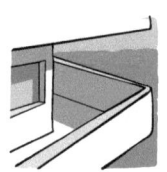

balkong
balcón

terrass
terraza

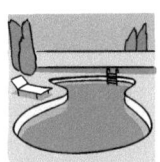

bassäng
piscina

gräsklippare
cortacésped

lakan
sábana

överkast
colcha

säng
cama

kvast
escoba

hink
balde

strömbrytare
interruptor

# vardagsrum
## sala

tapet
papel pintado
bild
imagen
lampa
lámpara
hylla
estante
skåp
armario
TV
televisión
eldstad
chimenea
blomma
flor
kudde
cojín
soffa
sofá
vas
jarrón
fjärrkontroll
mando a distancia

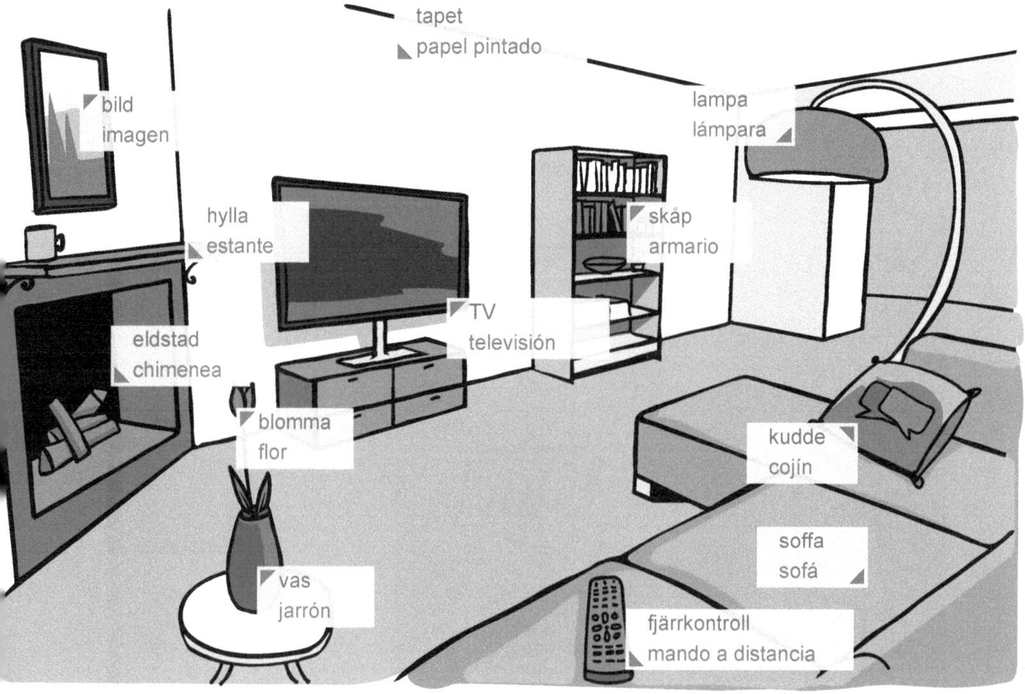

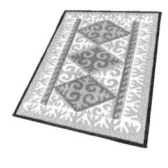

matta
alfombra

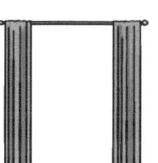

gardin
cortina

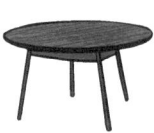

bord
mesa

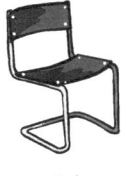

stol
silla

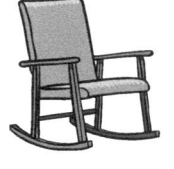

gungstol
mecedora

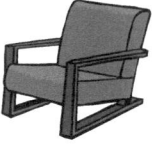

fåtölj
butaca

bok

libro

filt

manta

dekoration

decoración

vedträ

leña

film

película

stereoanläggning

equipo de música

nyckel

llave

dagstidning

periódico

målning

pintura

poster

póster

radio

radio

anteckningsbok

cuaderno

dammsugare

aspiradora

kaktus

cactus

stearinljus

vela

# kök
# cocina

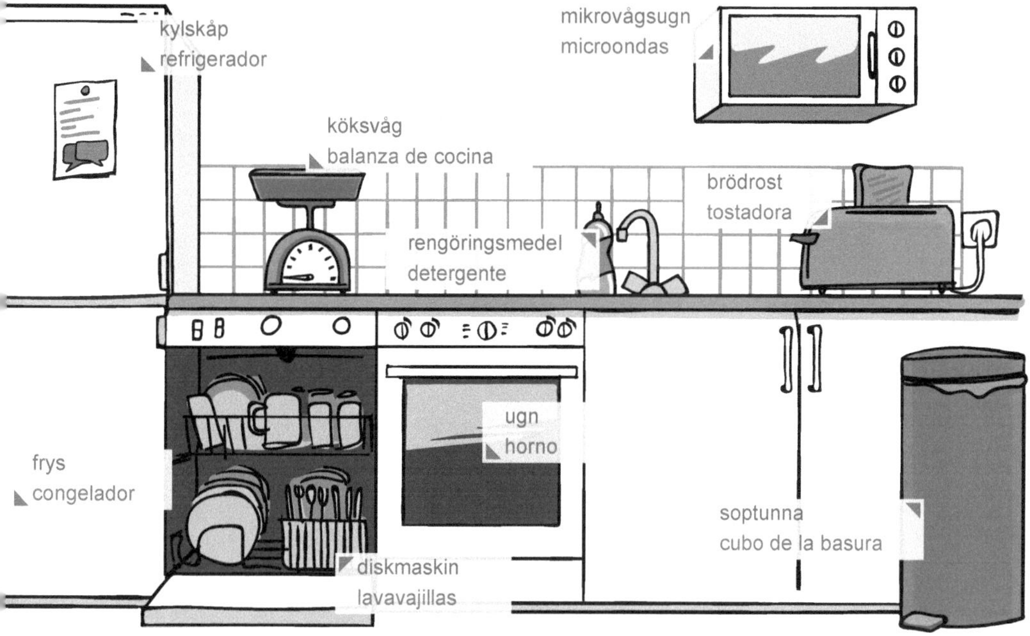

kylskåp
refrigerador
mikrovågsugn
microondas
köksvåg
balanza de cocina
brödrost
tostadora
rengöringsmedel
detergente
ugn
horno
frys
congelador
soptunna
cubo de la basura
diskmaskin
lavavajillas


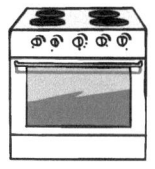

spis

olla a presión

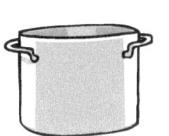

kastrull

olla

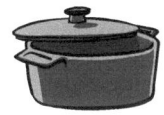

järngryta

olla de hierro fundido

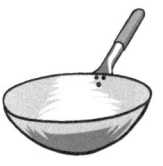

wok / kadai

wok / karahi

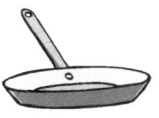

stekpanna

cazuela

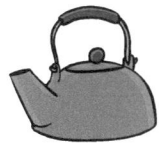

vattenkokare

hervidor

ångkokare

vaporera

bakplåt

chapa de horno

porslin

vajilla

mugg

taza

skål

tazón

ätpinnar

palillos

soppslev

cucharón

stekspade

espumadera

visp

batidor

durkslag

colador

sil

cedazo

rivjärn

rallador

mortel

mortero

grill

barbacoa

brasa

hoguera

kök - cocina

skärbräda

tabla de picar

kavel

rodillo

korkskruv

sacacorchos

burk

lata

burköppnare

abrelatas

grytlapp

agarrador

vask

lavabo

borste

cepillo

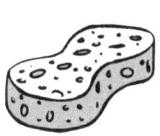

svamp

esponja

mixer

batidora

frys

congelador

nappflaska

biberón

kran

grifo

# badrum
# cuarto de baño

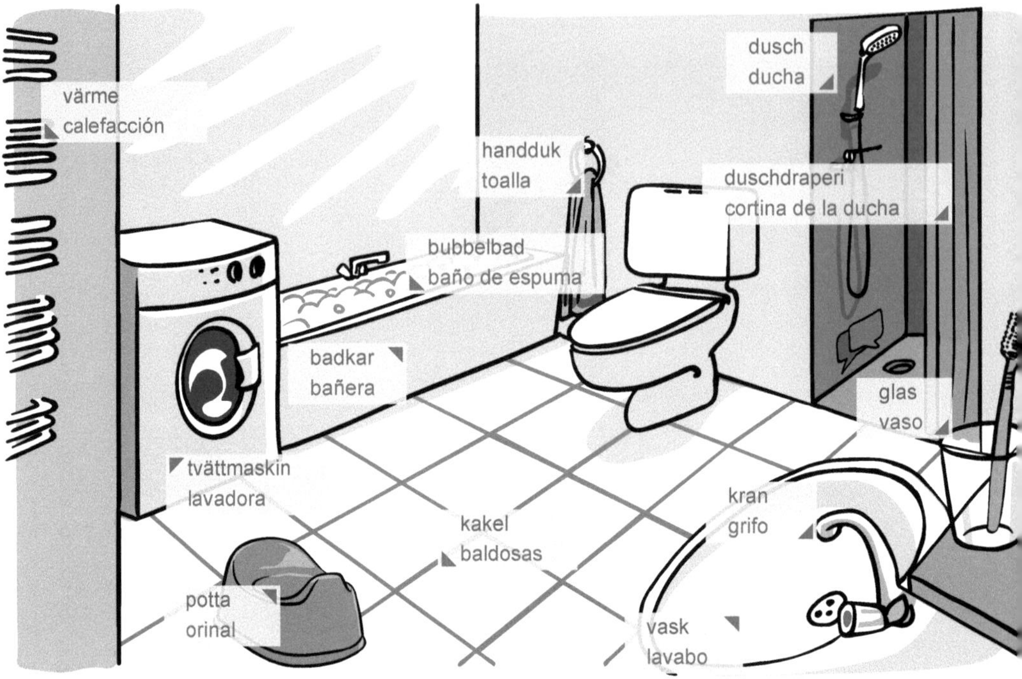
värme
calefacción
handduk
toalla
dusch
ducha
duschdraperi
cortina de la ducha
bubbelbad
baño de espuma
badkar
bañera
glas
vaso
tvättmaskin
lavadora
kran
grifo
kakel
baldosas
potta
orinal
vask
lavabo

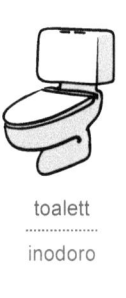

toalett

inodoro

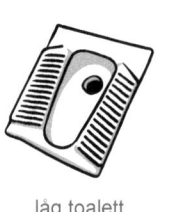

låg toalett

inodoro rústico

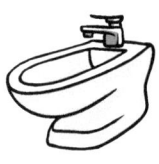

bidet

bidé

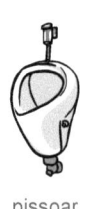

pissoar

urinario

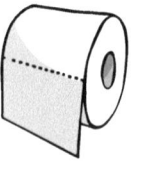

toalettpapper

papel higiénico

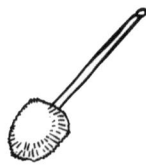

toalettborste

escobilla del váter

tandborste

cepillo de dientes

tandkräm

pasta de dientes

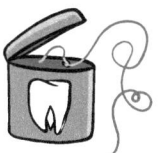

tandtråd

hilo dental

tvätta

lavar

handdusch

ducha de mano

intimdusch

ducha íntima

handfat

pila

ryggborste

cepillo de espalda

tvål

jabón

duschgel

gel de ducha

schampo

champú

trasa

toallita

avlopp

desagüe

crème

crema

deodorant

desodorante

spegel

espejo

handspegel

espejo de tocador

rakhyvel

maquinilla de afeitar

raklödder

espuma de afeitar

rakvatten

loción postafeitado

kam

peine

borste

cepillo

hårtork

secador

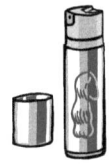

hårspray

laca

smink

maquillaje

läppstift

pintalabios

nagellack

pintauñas

bomullsvadd

algodón

nagelsax

cortauñas

parfym

perfume

necessär

estuche de viaje

pall

banqueta

våg

balanza

badrock

albornoz

gummihandskar

guantes de goma

tampong

tampón

binda

compresa

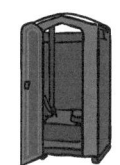

kemisk toalett

inodoro químico

# barnrum
# habitación de los niños

väckarklocka
despertador
gosedjur
peluche
leksaksbil
coche de juguete
skallra
sonajero
dockhus
casa de muñecas
present
regalo

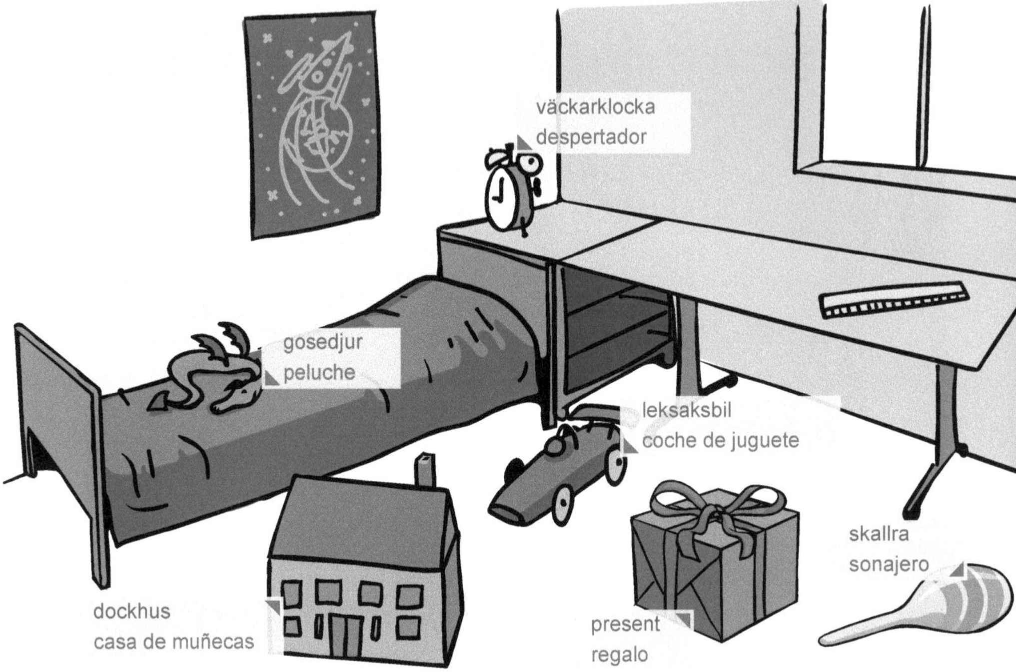

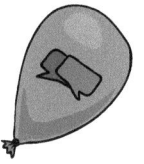

ballong

globo

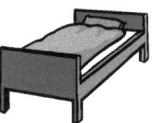

säng

cama

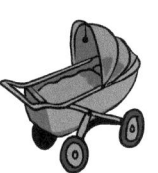

barnvagn

coche de niño

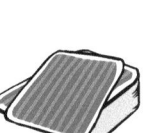

kortlek

naipes

pussel

puzle

SUPER
MEGA

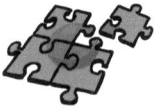

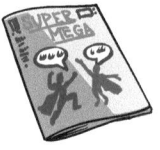

serietidning

tebeo

legobitar

piezas de lego

klossar

bloques de juguete

actionfigur

figura de acción

sparkdräkt

bodi (de bebé)

frisbee

frisbee

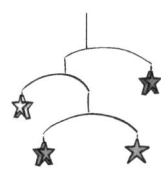

mobil

colgador móvil para bebés

brädspel

juego de mesa

tärning

dados

modelljärnväg

circuito de tren eléctrico

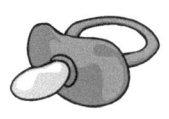

napp

maniquí

party

fiesta

bilderbok

álbum de fotos

boll

pelota

docka

muñeca

spela

jugar

sandlåda

cajón de arena

gunga

columpio

leksaker

juguetes

spelkonsol

videoconsola

trehjuling

triciclo

nalle

oso de peluche

garderob

guardarropa

## kläder

## ropa

sockar

calcetines

strumpor

medias

tights

leotardos

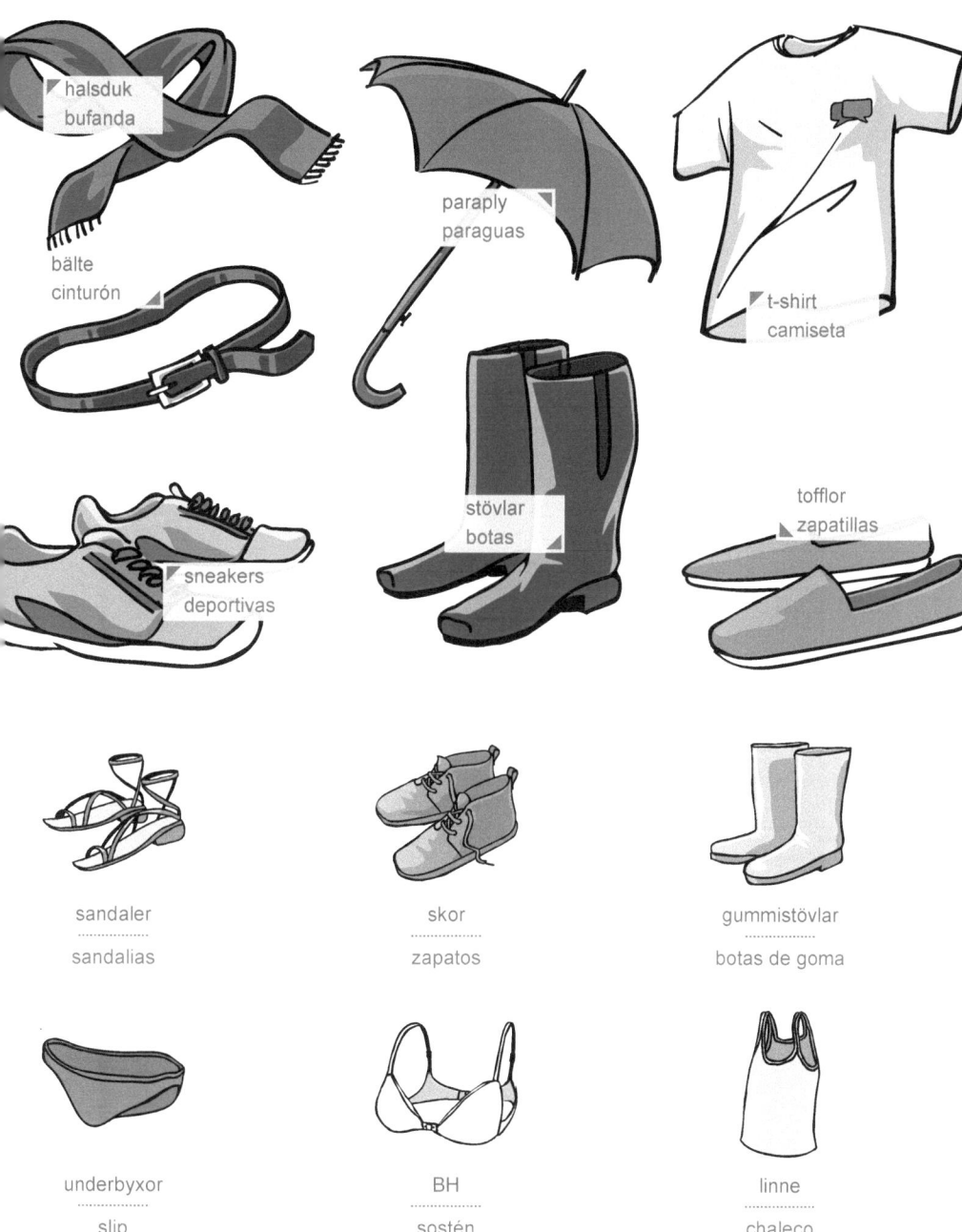

halsduk
bufanda

paraply
paraguas

t-shirt
camiseta

bälte
cinturón

stövlar
botas

tofflor
zapatillas

sneakers
deportivas

sandaler
sandalias

skor
zapatos

gummistövlar
botas de goma

underbyxor
slip

BH
sostén

linne
chaleco

kläder - ropa

body
bodi

byxor
pantalones

jeans
vaqueros

kjol
falda

blus
blusa

skjorta
camisa

pullover
jersey

sweater
suéter

blazer
blazer

jacka
chaqueta

kappa
abrigo

regnjacka
gabardina

dräkt
traje

klänning
vestido

bröllopsklänning
vestido de novia

kostym

traje

nattlinne

camisón

pyjamas

pijama

sari

sari

slöja

bandana

turban

turbante

burka

burka

kaftan

caftán

abaya

abaya

baddräkt

traje de baño

badbyxor

bañador

shorts

pantalones cortos

träningsoverall

chándal

förkläde

delantal

handskar

guantes

knapp

botón

glasögon

gafas

armband

brazalete

halsband

collar

ring

anillo

örhänge

pendiente

mössa

gorra

galge

percha

hatt

sombrero

slips

corbata

dragkedja

cremallera

hjälm

casco

hängslen

tirantes

skoluniform

uniforme escolar

uniform

uniforme

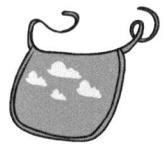

haklapp

babero

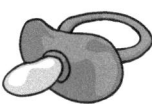

napp

maniquí

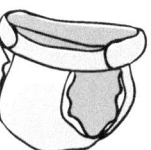

blöja

pañal

# kontor

# oficina

server
servidor
dokumentskåp
archivo
skrivare
impresora
papper
papel
bildskärm
monitor
mus
ratón
skrivbord
escritorio
mapp
carpeta
tangentbord
teclado
papperskorg
papelera
dator
ordenador
stol
silla

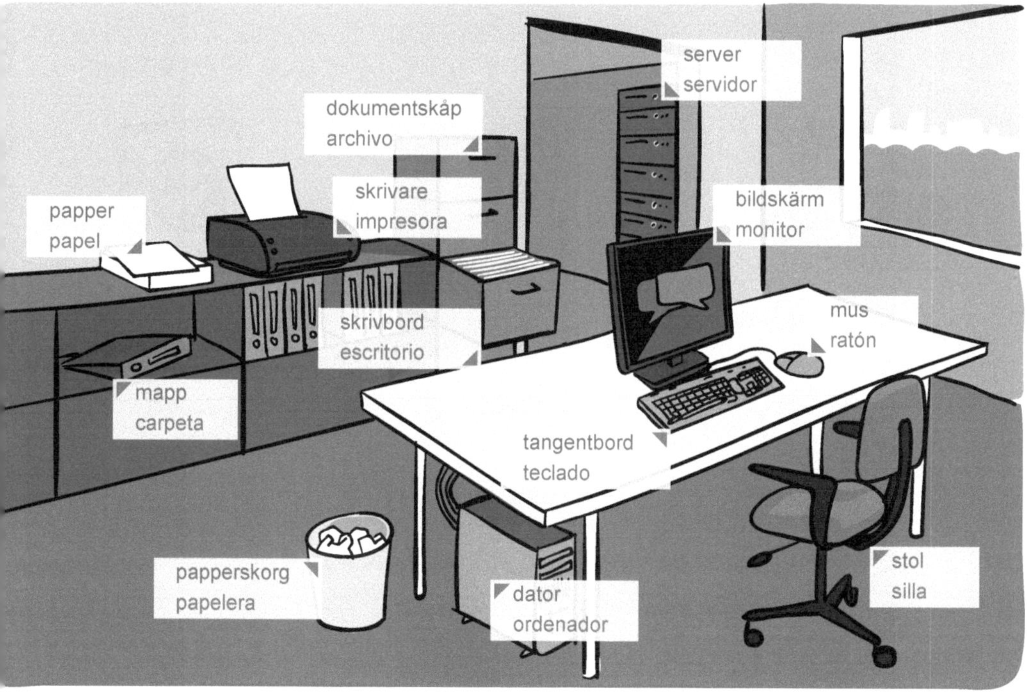

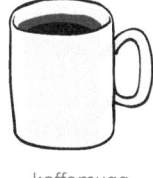

kaffemugg

taza de café

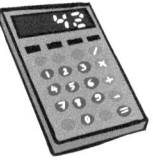

miniräknare

calculadora

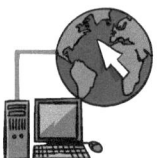

internet

internet

bärbar dator

portátil

brev

carta

meddelande

mensaje

mobiltelefon

móvil

nätverk

red

kopieringsapparat

fotocopiadora

programvara

software

telefon

teléfono

vägguttag

toma de corriente

fax

fax

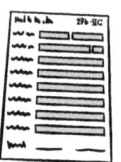

blankett

formulario

dokument

documento

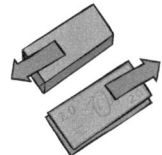

köpa

comprar

betala

pagar

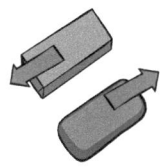

handla

comerciar

pengar

dinero

dollar

dólar

euro

euro

yen

yen

rubel

rublo

schweizisk franc

franco suizo

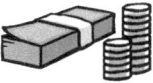

renminbi yan

renminbi yuan

rupie

rupia

bankomat

cajero automático

växelkontor

oficina de cambio de divisas

guld

oro

silver

plata

olja

petróleo

energi

energía

pris

precio

kontrakt

contrato

skatt

impuesto

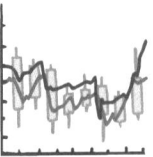

aktie

acción

arbeta

trabajar

anställd

empleado

arbetsgivare

empleador

fabrik

fábrica

affär

tienda

# yrken
# oficios

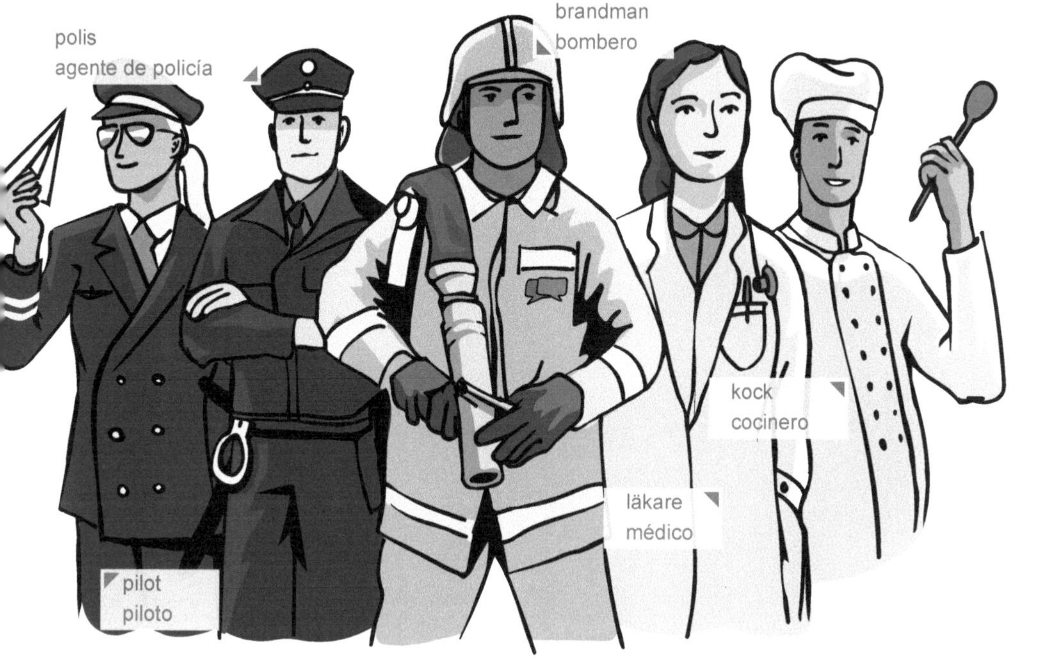
polis
agente de policía
brandman
bombero
kock
cocinero
läkare
médico
pilot
piloto

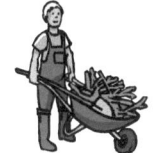

trädgårdsmästare

jardinero

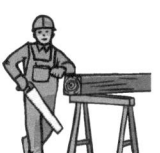

snickare

carpintero

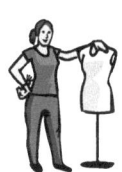

sömmerska

costurera

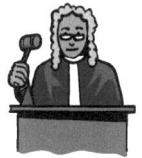

domare

juez

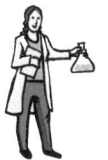

kemist

farmacéutico

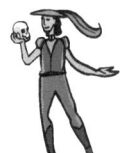

skådespelare

actor

busschaufför

conductor de autobús

taxichaufför

taxista

fiskare

pescador

städerska

señora de la limpieza

takläggare

techador

servitör

camarero

jägare

cazador

målare

pintor

bagare

panadero

elektriker

electricista

byggarbetare

obrero

ingenjör

ingeniero

slaktare

carnicero

rörmokare

fontanero

brevbärare

cartero

yrken - oficios

soldat

soldado

arkitekt

arquitecto

kassör

cajero

florist

florista

frisör

peluquero

konduktör

revisor

mekaniker

mecánico

kapten

capitán

tandläkare

dentista

vetenskapsman

científico

rabbin

rabino

imam

imán

munk

monje

präst

sacerdote

# verktyg
# herramientas

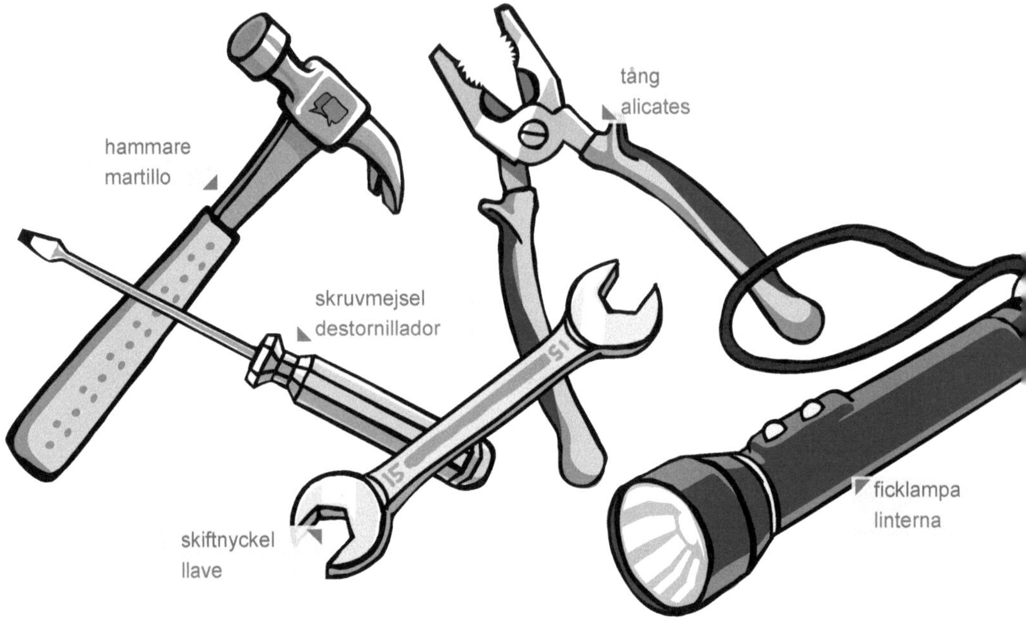
tång
alicates
hammare
martillo
skruvmejsel
destornillador
ficklampa
linterna
skiftnyckel
llave

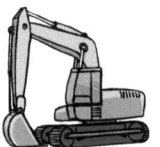

grävmaskin

excavadora

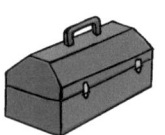

verktygslåda

caja de herramientas

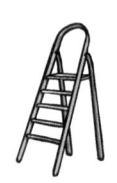

stege

escalera de mano

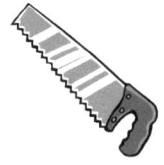

såg

sierra

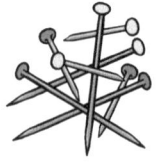

spik

clavos

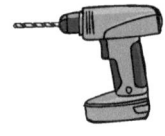

borr

taladro

reparera
reparar

spade
pala

Helvete!
¡Maldita sea!

sopskyffel
recogedor

färgburk
bote de pintura

skruvar
tornillos

## musikinstrument
## instrumentos musicales

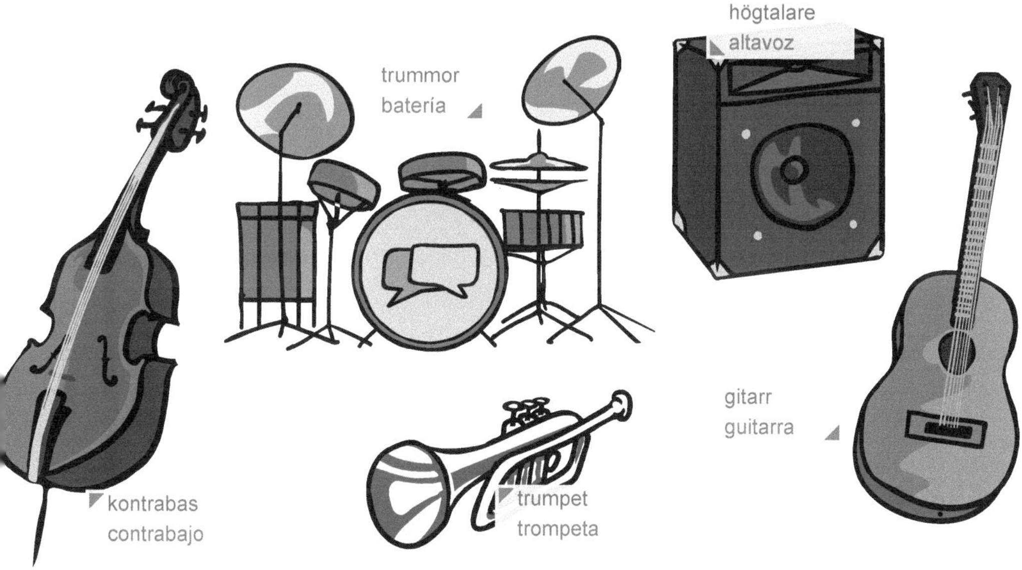

högtalare
altavoz

trummor
batería

kontrabas
contrabajo

trumpet
trompeta

gitarr
guitarra

piano
piano

violin
violín

bas
bajo

timpani
timbales

trumma
tambor

keyboard
teclado

saxofon
saxofón

flöjt
flauta

mikrofon
micrófono

# ZOO

# ZOO

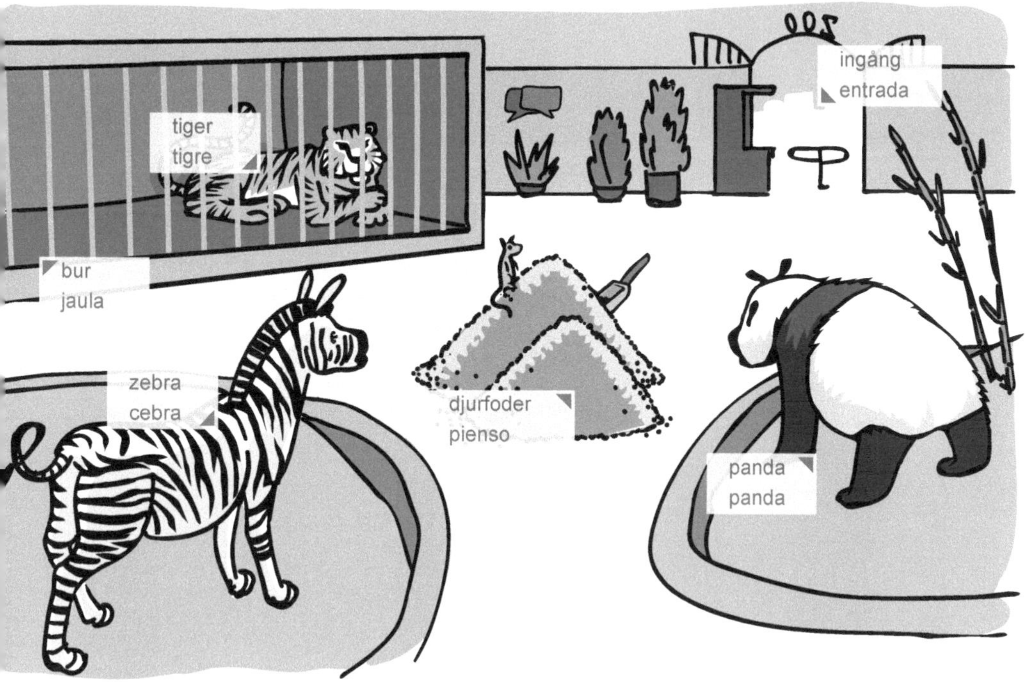

tiger
tigre
ingång
entrada
bur
jaula
zebra
cebra
djurfoder
pienso
panda
panda


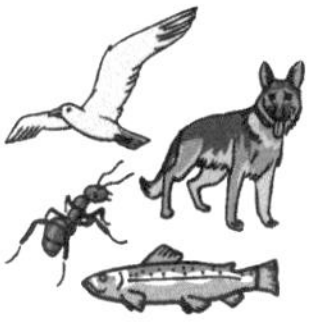

djur

animales

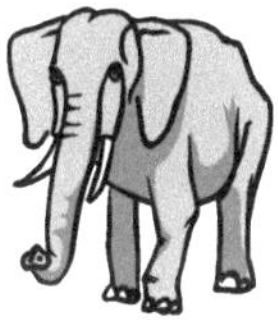

elefant

elefante

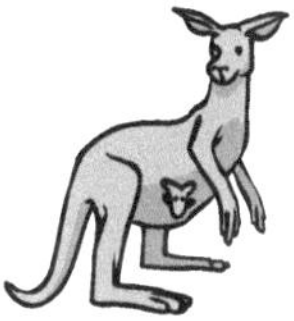

känguru

canguro

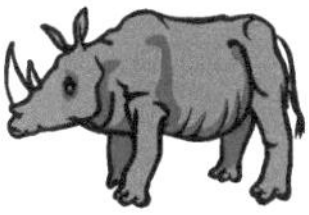

noshörning

rinoceronte

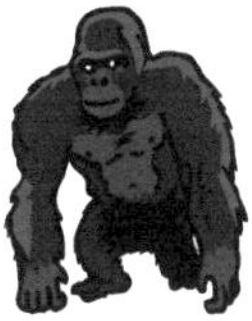

gorilla

gorila

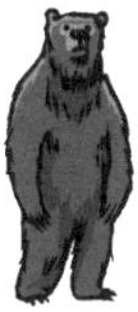

björn

oso

kamel

camello

struts

avestruz

lejon

león

apa

mono

flamingo

flamingo

papegoja

loro

isbjörn

oso polar

pingvin

pingüino

haj

tiburón

påfågel

pavo real

orm

serpiente

krokodil

cocodrilo

djurskötare

guardián de zoológico

säl

foca

jaguar

jaguar

ponny

poni

leopard

leopardo

flodhäst

hipopótamo

giraff

jirafa

örn

águila

vildsvin

jabalí

fisk

pescado

sköldpadda

tortuga

valross

morsa

räv

zorro

gazell

gacela

amerikansk fotboll
fútbol americano

cykling
ciclismo

tennis
tenis

basket
baloncesto

simning
natación

boxning
boxeo

ishockey
hockey sobre hielo

fotboll
fútbol

badminton
bádminton

friidrott
atletismo

handboll
balonmano

skidåkning
esquí

polo
polo

hoppa
saltar

krama
abrazar

skratta
reír

gå
caminar

sjunga
cantar

drömma
soñar

be
rezar

kyssa
besar

skriva
escribir

rita
dibujar

visa
mostrar

skjuta
empujar

ge
dar

ta
tomar

hagel

tener

göra

hacer

vara

ser

stå

estar de pie

springa

correr

dra

tirar

kasta

tirar

falla

caer

ligga

yacer

vänta

esperar

bära

llevar

sitta

estar sentado

klä på

vestirse

sova

dormir

vakna

despertar

se på
mirar

gråta
llorar

smeka
acariciar

kamma
peinar

prata
hablar

förstå
entender

fråga
preguntar

höra
escuchar

dricka
beber

äta
comer

städa
ordenar

älska
amar

laga mat
cocinar

köra
conducir

flyga
volar

segla

navegar

räkna

calcular

läsa

leer

lära sig

aprender

arbeta

trabajar

gifta sig

casarse

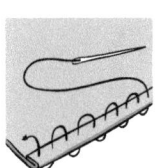

sy

coser

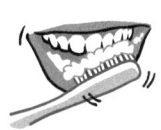

borsta tänderna

cepillarse los dientes

döda

matar

röka

fumar

skicka

enviar

normor/farmor
abuela

morfar/farfar
abuelo

pappa
padre

mamma
madre

baby
bebé

dotter
hija

son
hijo

gäst

invitado

moster/faster

tía

farbror/morbror

tío

bror

hermano

syster

hermana

# kropp

# cuerpo

panna
frente
öga
ojo
skuldra
hombro
finger
dedo
ansikte
cara
haka
barbilla
hand
mano
bröst
pecho
ben
pierna
arm
brazo

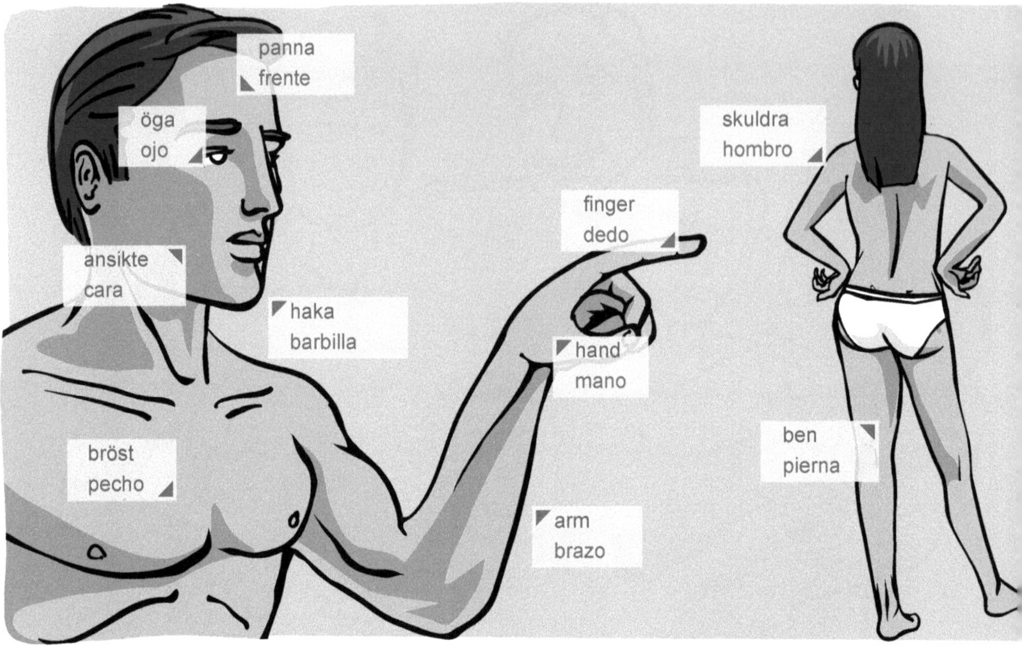

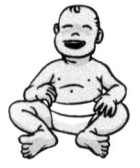

baby
bebé

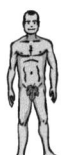

man
hombre

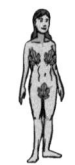

kvinna
mujer

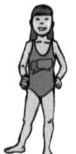

flicka
chica

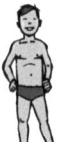

pojke
chico

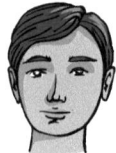

huvud
cabeza

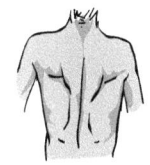

rygg

espalda

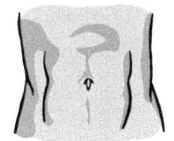

mage

vientre

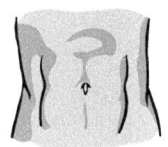

navel

ombligo

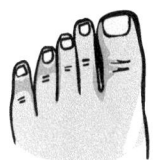

tå

dedo del pie

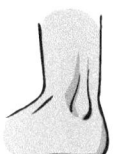

häl

talón

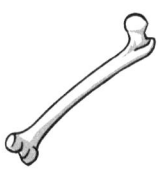

ben

hueso

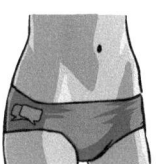

höft

cadera

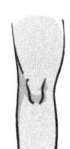

knä

rodilla

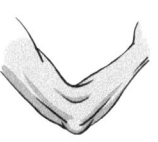

armbåge

codo

näsa

nariz

stjärt

trasero

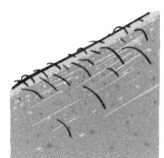

hud

piel

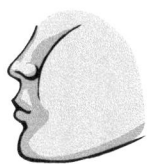

kind

mejilla

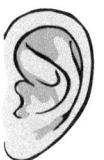

öra

oído

läpp

labio

mun
boca

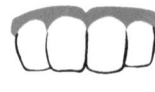

tand
diente

tunga
lengua

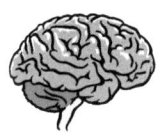

hjärna
cerebro

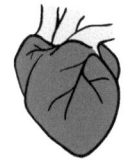

hjärta
corazón

muskel
músculo

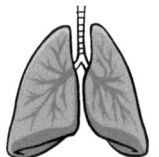

lunga
pulmón

lever
hígado

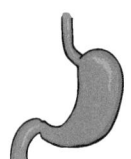

magsäck
estómago

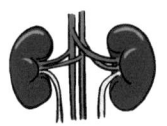

njurar
riñones

sex
sexo

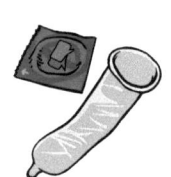

kondom
condón

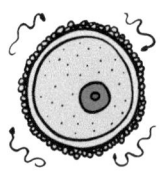

äggcell
ovario

sperma
semen

graviditet
embarazo

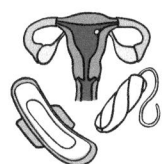

menstruation

menstruación

vagina

vagina

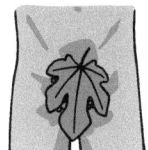

penis

pene

ögonbryn

ceja

hår

pelo

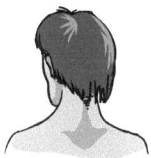

nacke

cuello

# sjukhus
# hospital

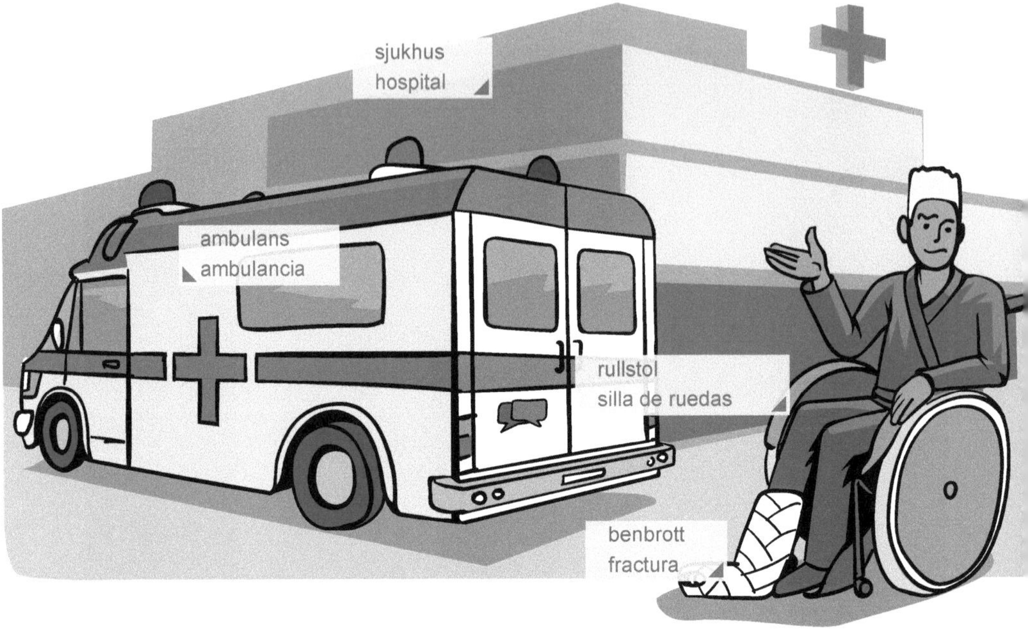

sjukhus
hospital
ambulans
ambulancia
rullstol
silla de ruedas
benbrott
fractura


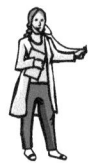

läkare

médico

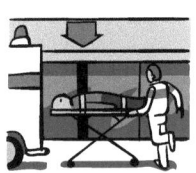

akutmottagning

sala de urgencias

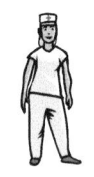

sjuksköterska

enfermera

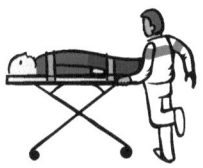

nödsituation

urgencia

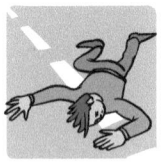

medvetslös

inconsciente

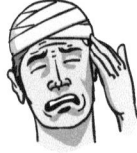

smärta

dolor

skada
lesión

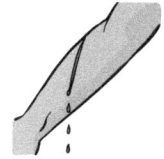

blödning
hemorragia

hjärtattack
infarto

slaganfall
ictus

allergi
alergia

hosta
tos

feber
fiebre

influensa
gripe

diarré
diarrea

huvudvärk
dolor de cabeza

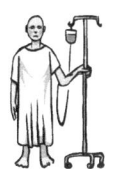

cancer
cáncer

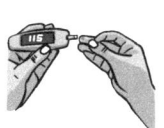

diabetes
diabetes

kirurg
cirujano

skalpell
bisturí

operation
operación

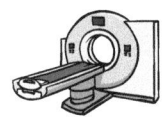

CT
TAC

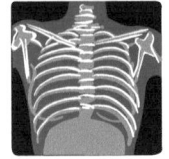

röntgen
rayos x

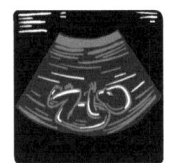

ultraljud
ultrasonido

ansiktsmask
mascarilla

sjukdom
enfermedad

väntsal
sala de espera

krycka
muleta

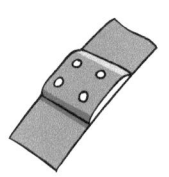

plåster
tirita

bandage
venda

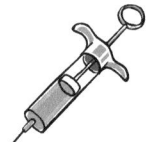

injektion
inyección

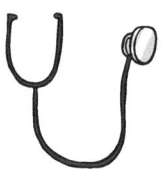

stetoskop
estetoscopio

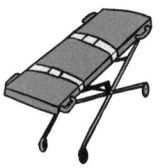

bår
camilla

termometer
termómetro

födsel
nacimiento

övervikt
sobrepeso

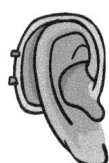

hörapparat

audífono

desinfektionsmedel

desinfectante

infektion

infección

virus

virus

HIV / AIDS

VIH / SIDA

medicin

medicina

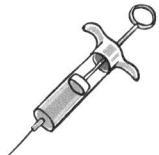

vaccination

vacunación

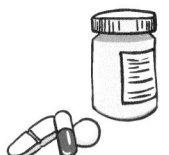

tabletter

tabletas

p-piller

pastilla

nödsamtal

llamada de urgencia

blodtrycksmätare

tensiómetro

sjuk / frisk

enfermo / sano

Hjälp!

¡Socorro!

alarm

alarma

överfall

asalto

misshandel

ataque

fara

peligro

nödutgång

salida de emergencia

Det brinner!

¡Fuego!

brandsläckare

extintor de incendios

olycka

accidente

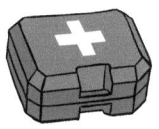

förbandslåda

botiquín de primeros auxilios

SOS

SOS

polis

policía

Europa

Europa

Nordamerika

Norteamérica

Sydamerika

Sudamérica

Afrika

África

Asien

Asia

Australien

Australia

Atlanten

Atlántico

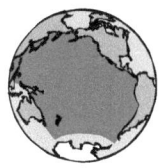

Stilla Havet

Pacífico

Indiska Oceanen

Océano Índico

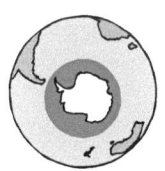

Antarktiska Oceanen

Océano Antártico

Arktiska Oceanen

Océano Ártico

Nordpol

polo norte

Sydpol

polo sur

Antarktis

Antártida

Jorden

tierra

land

tierra

hav

mar

ö

isla

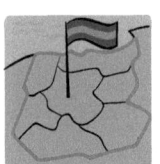

nation

nación

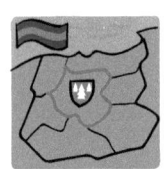

stat

estado

urtavla

esfera

timvisare

manecilla de las horas

minutvisare

minutero

sekundvisare

segundero

Vad är klockan?

¿Qué hora es?

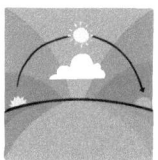

dag

día

tid

tiempo

nu

ahora

digital klocka

reloj digital

minut

minuto

timme

hora

# vecka
## semana

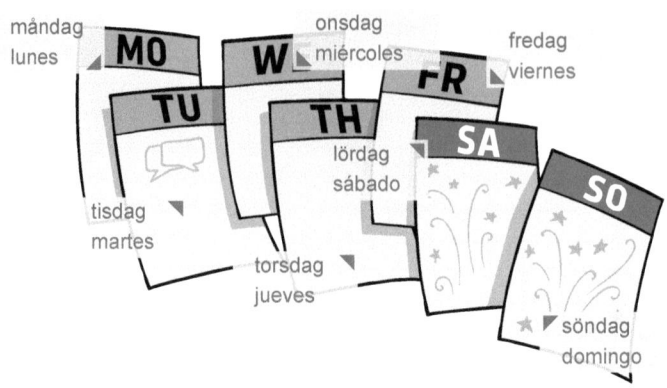

måndag
lunes

onsdag
miércoles

fredag
viernes

tisdag
martes

torsdag
jueves

lördag
sábado

söndag
domingo

igår
ayer

idag
hoy

imorgon
mañana

morgon
mañana

middag
mediodía

kväll
tarde

| MO | TU | WE | TH | FR | SA | SU |
|----|----|----|----|----|----|----|
| 1  | 2  | 3  | 4  | 5  | 6  | 7  |
| 8  | 9  | 10 | 11 | 12 | 13 | 14 |
| 15 | 16 | 17 | 18 | 19 | 20 | 21 |
| 22 | 23 | 24 | 25 | 26 | 27 | 28 |
| 29 | 30 | 31 | 1  | 2  | 3  | 4  |

vardagar
días laborables

| MO | TU | WE | TH | FR | SA | SU |
|----|----|----|----|----|----|----|
| 1  | 2  | 3  | 4  | 5  | 6  | 7  |
| 8  | 9  | 10 | 11 | 12 | 13 | 14 |
| 15 | 16 | 17 | 18 | 19 | 20 | 21 |
| 22 | 23 | 24 | 25 | 26 | 27 | 28 |
| 29 | 30 | 31 | 1  | 2  | 3  | 4  |

helg
fin de semana

regn
lluvia

regnbåge
arcoíris

snö
nieve

vind
viento

vår
primavera

höst
otoño

sommar
verano

vinter
invierno

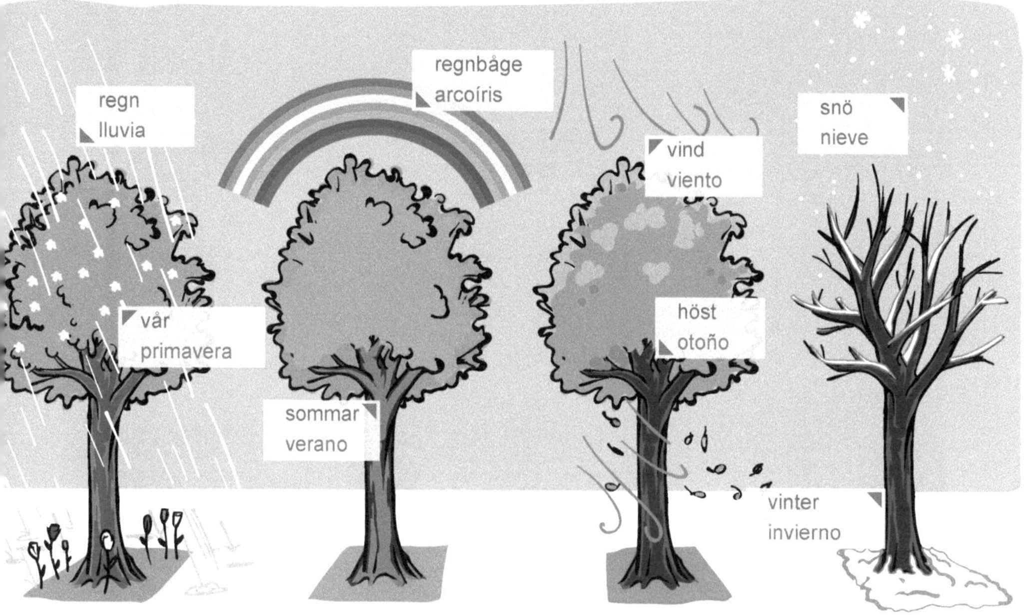

väderprognos
pronóstico del tiempo

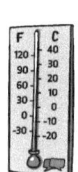

termometer
termómetro

solsken
sol

moln
nube

dimma
niebla

luftfuktighet
humedad

blixt

rayo

åska

trueno

storm

tormenta

hagel

granizo

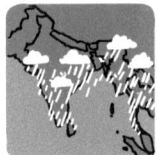

monsun

monzón

översvämning

inundación

is

hielo

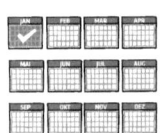

januari

enero

februari

febrero

mars

marzo

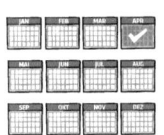

april

abril

maj

mayo

juni

junio

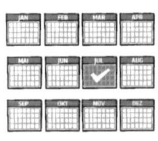

juli

julio

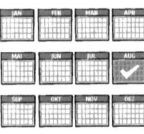

augusti

agosto

år - año

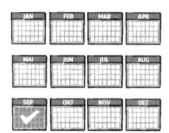

september
............
septiembre

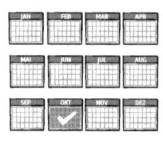

oktober
............
octubre

november
............
noviembre

december
............
diciembre

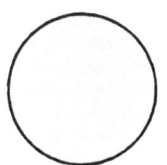

cirkel
............
círculo

kvadrat
............
cuadrado

rektangel
............
rectángulo

triangel
............
triángulo

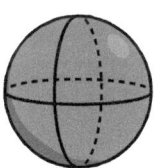

sfär
............
esfera

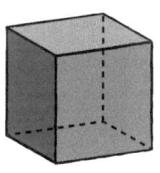

kub
............
cubo

# färger
## colores

vit
...............
blanco

gul
...............
amarillo

orange
...............
anaranjado

rosa
...............
rosa

röd
...............
rojo

lila
...............
morado

blå
...............
azul

grön
...............
verde

brun
...............
marrón

grå
...............
gris

svart
...............
negro

84

färger - colores

mycket / lite

mucho / poco

arg / lugn

enojado / tranquilo

vacker / ful

bonito / feo

början / slut

principio / fin

stor / liten

grande / pequeño

ljus / mörk

claro / oscuro

bror / syster

hermano / hermana

ren / smutsig

limpio / sucio

komplett / ofullständig

completo / incompleto

dag / natt

día / noche

död / levande

muerto / vivo

bred / smal

ancho / estrecho

ätlig / oätlig

comestible / no comestible

ond / god

malo / amable

upphetsad / uttråkad

entusiasmado / aburrido

tjock / smal

gordo / delgado

först / sist

primero / último

vän / fiende

amigo / enemigo

full / tom

lleno / vacío

hård / mjuk

duro / blando

tung / lätt

pesado / ligero

hunger / törst

hambre / sed

sjuk / frisk

enfermo / sano

olaglig / laglig

ilegal / legal

intelligent / dum

inteligente / tonto

vänster / höger

izquierda / derecha

nära / långt bort

cerca / lejos

ny / begagnad
nuevo / usado

inget / något
nada / algo

gammal / ung
viejo / joven

på / av
encendido / apagado

öppen / stängd
abierto / cerrado

tyst / högljudd
silencioso / ruidoso

rik / fattig
rico / pobre

rätt / fel
correcto / incorrecto

grov / slät
áspero / suave

ledsen / glad
triste / contento

kort / lång
corto / largo

långsam / snabb
lento / rápido

våt / torr
húmedo / seco

varm / sval
cálido / frío

krig / fred
guerra / paz

**0**

noll

cero

**1**

ett

uno

**2**

två

dos

**3**

tre

tres

**4**

fyra

cuatro

**5**

fem

cinco

**6**

sex

seis

**7**

sju

siete

**8**

åtta

ocho

**9**

nio

nueve

**10**

tio

diez

**11**

elva

once

**12**

tolv

doce

**13**

tretton

trece

**14**

fjorton

catorce

**15**

femton

quince

**16**

sexton

dieciséis

**17**

sjutton

diecisiete

**18**

arton

dieciocho

**19**

nitton

diecinueve

**20**

tjugo

veinte

**100**

hundra

cien

**1.000**

tusen

mil

**1.000.000**

miljon

millón

engelska
inglés

amerikansk engelska
inglés americano

kinesisk mandarin
chino mandarín

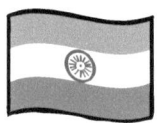
hindi
hindi

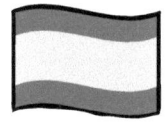
spanska
español

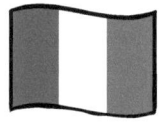
franska
francés

arabiska
árabe

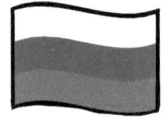
ryska
ruso

portugisiska
portugués

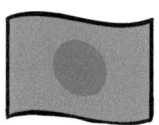
bengali
bengalí

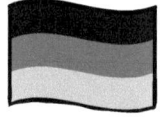
tyska
alemán

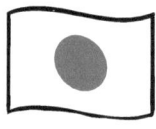
japanska
japonés

jag

yo

du

tú

han / hon / den (det)

él / ella / ello

vi

nosotros/as

ni

vosotros/as

de

ellos/as

vem?

¿quién?

vad?

¿qué?

hur?

¿cómo?

var?

¿dónde?

när?

¿cuándo?

HELLO, I AM

namn

nombre

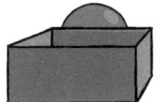

bakom

detrás

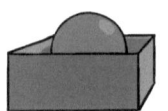

i

en

framför

delante de

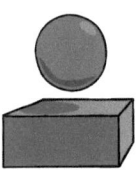

över

por encima de

på

sobre

under

debajo de

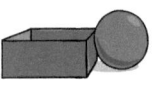

bredvid

junto a

mellan

entre

plats

lugar